Ulrike Grasdorf

Sei sanft zu Dir!

Dieses Buch ist urheberrechtlich geschützt.

Bibliografische Information
der Deutschen Nationalbibliothek:

Die Deutsche Nationalbibliothek
verzeichnet diese Publikation in
der Deutschen Nationalbibliografie.
Detaillierte bibliografische Daten
sind im Internet über
http://www.d-nb.de abrufbar.

Alle Rechte der Verbreitung,
auch durch Film, Funk und Fernsehen,
fotomechanische Wiedergabe,
Tonträger, elektronische Datenträger und
auszugsweisen Nachdruck,
sind vorbehalten.

www.vindobonaverlag.com

© 2023 Vindobona Verlag

ISBN 978-3-949263-83-5
Lektorat: Thomas Ladits
Umschlagfotos: Iakov Kalinin, Erikreis,
Syda Productions | Dreamstime.com
Umschlaggestaltung, Layout & Satz:
Vindobona Verlag

Gedruckt in der Europäischen Union
auf umweltfreundlichem, chlor- und
säurefrei gebleichtem Papier.

Dieses Buch widme ich ... mir!

Themen

- Vorwort
- Begrüßung
- Der erste Schritt
- Der „gute" Platz, Wasseradern/Störzonen
- Ungleichgewicht im Körper
- Symbolsprache
- Symbolsprache – Bedeutung
- So war das
- Tierboten
- Schüßler-Salze
- Affirmationen
- Wenn ich krank bin
- Niksen – Selbstfürsorge
- Literatur
- Danksagung

Vorwort: Sei sanft zu Dir!

In dieser schnelllebigen, technisierten Welt, wo jeder schneller, höher, besser werden will, kommt das Menschliche oft zu kurz.

Bin ich krank, besuche ich einen Facharzt nach dem anderen. Dort wird je nach Fachgebiet in meinem Körper gefahndet. Dabei könnte es sein, dass ich mit ungelösten Konflikten (innerlich) kämpfe, dass ich auf einer unguten Stelle schlafe oder anderes.

In der ganzen Eile wird vergessen, nach innen zu fühlen. Wir sind mit allem verbunden und das Universum schickt uns jede Menge Zeichen, die wir meistens gar nicht beachten. Mit diesem Denkansatz habe ich mich auf die Suche in verschiedenen Bereichen gemacht …

Lass Dich inspirieren, sei interessiert!

In diesem Buch möchte ich meine angelesenen und erprobten Erkenntnisse für daran ebenfalls Interessierte darstellen.

„Wenn die Seele weint und der Mund schweigt, spricht der Körper."

Dieses Buch ist ein „Einsteigerbuch" und soll eine Anregung sein, sich mit einem oder mehreren dieser hier angesprochenen Themen zu beschäftigen und evtl. näher zu befassen.

Hallo, ...

Schön, dass dieses Buch zu Dir gefunden hat.
Ich schlage vor, wir duzen uns.
Ich will Dir verraten, wie es dazu kam, dieses Buch zu schreiben.
Ich beschäftige mich seit Jahrzehnten mit alternativen Heilmethoden, Intuition, zwischenmenschlichen Beziehungen und ähnlichem.
Mit dem inneren Kind in mir komme ich nicht so richtig in Einklang. Darum kaufte ich mir wieder ein Buch zu diesem Thema. 15 Euro, die ich gerne für ein gutes Buch ausgebe.
Hier ging es auf einer ganzen Seite um das innere Kind, der Rest war eine Auflistung von Problemen mit Hinweisen auf Literatur dazu. Da wusste ich, das geht besser ... Ich bin eine ganz normale Person, keine Ärztin oder Heilpraktikerin. In diesem Buch möchte ich meine angelesenen und erprobten Erkenntnisse für ebenfalls Interessierte darstellen.
Dieses Buch enthält die Quintessenz von den wirklich vielen Büchern, die ich zu diesen Themen gelesen habe. So, dass Du Dir nur die Bücher besorgen musst, mit den für Dich interessanten Themen.
Ich weiß, Du hast viel Stress und wenig Zeit ... und bist froh, wenn Du mit wenig Zeitaufwand möglichst viele Informationen bekommst.
Nimm es mir nicht übel ... früher und manchmal heute noch geht es mir auch so.
Ich hoffe, Du wirst durch dieses Buch angeregt, zu dem einen oder anderen Thema weiterzulesen. Das wäre schön!
Die hier angesprochenen Dinge sind von mir erfolgreich angewandt und für gut befunden worden. Jeder muss für sich selber herausfinden, was gut für ihn ist.
Dieses Buch hat keinen Anspruch auf Vollständigkeit.
Es soll Dir, wie schon erwähnt, eine Anregung sein, Dich mit diesen Themen zu beschäftigen.

Die von mir eingeflochtenen Zitate, Lebensweisheiten und Sprüche finde ich passend und lesenswert.
Ich hoffe, der eine oder andere Spruch gefällt Dir auch.

Das Quellenverzeichnis zu den mit Zahlen gekennzeichneten Zitaten findest Du am Ende dieses Buches.
Der erste Schritt:

*„Der erste Schritt zur Veränderung
Deines Lebens ist die Erkenntnis,
dass eine Veränderung notwendig ist!"*

Achte bei allem, was Du tust, auf Deine Gefühle, auf Deine innere Stimme.

Fühlt sich eine Situation nicht gut für Dich an,
IST ES DER FALSCHE WEG!

„Der Körper ist unser Verbündeter.
Er zeigt uns stets, in welche Richtung
wir gehen müssen."

Der „gute Platz"

hier geht es um Wasseradern/Störzonen

Unser Sohn konnte als Baby nicht alleine einschlafen. Wir saßen unendlich an seinem Bett und warteten, dass ihm die Augen zufielen.
Als er größer war, schlief er gut in seinem Kinderzimmer.
Das Gitterbett blieb im Schlafzimmer, für mein Tageskind zum Mittagsschlaf, stehen. Bedauerlicherweise schlief auch das Tageskind nicht allein ein. Habe ich versagt? Wir hörten von „schlechten Plätzen". Es kam jemand zum Wünscheln. Das Bett wurde verschoben. Nun konnte das Tageskind gut schlafen.
Das Buch „Erfahrungen einer Rutengängerin" von Käthe Bachler gibt gute Einblicke und Informationen zum Thema Störzonen, sprich Wasseradern.
Wenn jemand schlecht schläft, vor allem bei Kindern, lohnt es sich meiner Meinung nach, in diese Richtung zu forschen.
Auch ohne Rutengänger kann man prüfen, ob der Schlafplatz gut ist. Der folgsamste Hund wird nicht auf einer Wasserader liegen bleiben. Wo Katzen sich wohlfühlen, ist der Platz für Menschen sehr wahrscheinlich nicht gut.
Menschen und Hunde sind Strahlenflüchter und Katzen sind Strahlensucher.
Oft reicht es aus, das Kinderbett um vielleicht 30 cm zu verschieben, um besser schlafen zu können.

Früher war es in ländlichen Gebieten Brauch: Vor dem Hausbau einen Ameisenhaufen vergraben – vermutlich dorthin, wo das Schlafzimmer geplant war. Nur, wenn die Ameisen fortgezogen waren, was auf einen strahlungsfreien Grund hinwies, wurde das Haus an dieser Stelle gebaut. Andernfalls probierte man es an einer anderen Stelle des Grundstückes.

Strahlenflüchter sind: Hunde, Pferde, Kühe, Hühner, Schweine, Vögel und viele mehr.

Strahlensucher sind: Katzen, Bienen, Ameisen, ...

Strahlensuchende Pflanzen sind: Kirsch-, Pflaumenbaum, Holunder, Mistel, Asparagus, Aralie, Zimmerlinde, Eichen (Eichen sollst Du weichen!).

Strahlenflüchtende Pflanzen sind: Apfel-, Birnen-, Nussbaum, Flieder, Sonnenblumen, Buchen (Buchen sollst Du suchen!).

Katzen, Ameisen und wilde Bienen haben ihre Plätze immer über einer Wasseraderkreuzung oder anderen stark bestrahlten Plätzen.

„Das höchste Gut ist die Harmonie
der Seele mit sich selbst."
(Lucius Annalus Seneca)

Ungleichgewicht im Körper

Es geht darum, sich selber kennenzulernen, in sich hinein zu hören. Dein Körper meldet, sobald etwas im Ungleichgewicht ist. Durch traurige Stimmung, Unzufriedenheit, Krankheiten und/oder Schmerzen.

Wir alle kennen das, diese stetig wiederkehrenden Leiden wie z. B. Rückenschmerzen, Kopfschmerzen, Blasenentzündung ...

Man nimmt es so hin, nimmt Medikamente und hofft auf baldige Besserung. Aber warum ist das so?

Höre in Dich hinein, sei aufmerksam!

Meditation ist ein gutes Mittel, um zur Ruhe zu kommen. Ich habe das Glück, auf eine tolle Truppe zur Zen-Meditation gestoßen zu sein.

Bei allen Krankheiten kann man davon ausgehen, dass sie einen psychosomatischen Ursprung haben.

Das Wort Psychosomatik bedeutet Psyche (griechisch: Seele oder Geist) und Soma (griechisch: Körper), also eine Interaktion zwischen Geist und Körper.

Heilung ist ein natürlicher Prozess, zu dem jeder Mensch selbst fähig ist.

Heilung geht tiefer als Symptombeseitigung und muss von innen kommen. Sie richtet sich auf das Ungleichgewicht, das den Symptomen zugrunde liegt, und stellt eine Verbindung zwischen den häufig verborgenen Aspekten des individuellen Lebens her, die eine Beziehung zu der Krankheit haben.[2])

Körperwissen oder Körperweisheit bedeutet für mich, dass sich in den Symptomen des Körpers die Seele ausdrückt, die oft keine andere Möglichkeit findet, auf sich aufmerksam zu machen.

Öffne Dich für die Botschaften und Geheimnisse Deines Körpers und seiner Symptome.

Neben der Körpersprache kann auch die verbale Sprache sehr dienlich sein. Denn nicht nur der Körper spricht, die Sprache ist auch körperlich. Eine Fülle von psychosomatischen Ausdrücken wirft deutliches Licht auf Körper und Seele. Ein verstockter Mensch steckt nicht voller Blutgerinnsel, sondern sein Lebensfluss ist im übertragenen Sinn ins Stocken geraten, ein Verbissener setzt weder seine konkreten Zähne ein, noch verlässt ein Hartnäckiger sich auf starre Nackenmuskeln. Erst, wenn solch inneren Haltungen ihrem Besitzer nicht mehr bewusst sind, neigen sie zu Verkörperung. So ist es wenig erstaunlich, dass unser Körper nicht nur auf Behandlung anspricht, sondern auch auf Be-Deutung.[3])

Höre gut zu, was Deine innere Stimme sagt, ohne sie zu bewerten.

Sobald eine Erfahrung bewusst benannt und körperlich und psychisch verinnerlicht worden ist, verliert sie ihren unbewussten Einfluss.

Die Ursachenfragen für Grippe könnten sein:

Woher kommt das Symptom?
  Situation vor zwei Tagen, wo sich der Betroffene erkältete bzw. Grippeviren aufgeschnappt hat.

Auf welcher materiellen Basis läuft das Krankheitsbild ab und was sagt das betroffene Organ aus?
  Organe des Nasenrachenraumes und die Sinnesorgane. Es geht um Austausch und Kontaktaufnahme mit der Außenwelt.

In welchem Rahmen breitet sich das Symptom aus?
  Man will nicht mehr aufmachen, sich nicht mehr für die jeweilige Situation erwärmen, hat die Nase voll, will nichts mehr hören und sehen. Der Außenkontakt wird verweigert bzw. nur noch aggressiv hergestellt.
  Man hustet (den anderen etwas), niest, schnaubt und spuckt.

Worauf zielt das Symptom?
  Er soll sich eingestehen, dass er genug hat und Aggressionen loswerden will.

Beispiel: „Kummerspeck"

Wer sich Kummerspeck anfuttert, entwickelt ein Symptom, das den Zweck erfüllt, sein Gleichgewicht aufrecht zu erhalten. „Das Übergewicht dient sozusagen als Schutzschicht gegenüber einer lieblosen Umwelt und ermöglicht dem Betroffenen im Essen eine Ersatzbefriedigung. Im Ganzen betrachtet ist es offensichtlich besser als etwa ein Selbstmord aus unbewältigem Liebeskummer." Wenn man diesem Patienten nun allopathisch zu einer Nulldiät rät, bringt man ihn bezüglich seines Gleichgewichtes in Gefahr. Er verliert sein dickes Fell, ohne einen Ersatz für diese Schutzschicht und ohne eine andere Befriedigung zu bekommen. Vor allem erhält er nicht, was so dringend notwendig wäre, nämlich Liebe. Natürlich ist die Art der Liebe, die er sich in Form von Süßigkeiten zuführt und die so offensichtlich durch den Magen geht, keine ideale Lösung, aber immerhin eine Bearbeitung des Themas.

Durch Bücher von Herrn Dahlke und auch Lise Bourbeau habe ich herausgefunden, was mein Körper mir sagen will. Probleme mit den Füßen sagen mir, dass ich gerade nicht vorankomme. Die linke Körperseite sagt etwas über die Emotionen aus und die rechte Körperseite über den Verstand.

Bei Rückenschmerzen habe ich mir zu viel aufgeladen.

Kopfschmerzen sagen mir, dass ich zu viel grübele.

Bei Blasenentzündung geht es um die von mir nicht geweinten Tränen.

„Manche versuchen, ihre Ängste in Drogen, Medikamenten, Zucker oder Alkohol zu ertränken, doch leider können sie schwimmen!"

Symbolsprache

Das Universum gibt uns ständig Zeichen in unseren Träumen und im täglichen Leben durch die Symbolsprache.

Ob sie nun in der konkreten Welt als Zeichen auftauchen oder in unseren Träumen enthalten sind, ihre Deutung erfolgt auf die gleiche Weise.

Eines Tages werden wir darin keinen Unterschied mehr sehen.

Wer kennt das nicht: Der Backofen geht kaputt ... oh nein! Naja, war auch schon älter. Okay, muss ich einen neuen kaufen. Ich gehe in den Keller ... alles dunkel! Kein Licht – die Birne in der Lampe ist kaputt. Okay, passiert mal. Ich hole eine neue Birne. Komme am Küchenfenster vorbei ... die Temperaturanzeige geht nicht ... nein! Nach dem Batterieaustausch erstmal hinsetzen und zur Ruhe kommen.

Ja, liebes Universum... tatsächlich bin ich ausgebrannt, weil ich mir in letzter Zeit zu viel zugemutet habe.

Wenn meine Batterien alle gehen, muss ich wieder aufgeladen werden.

Auch bei der Analyse eines Berufes wendet man die gleiche Symbolsprache an wie für eine Traumdeutung. Bei dem Beruf der Näherin zu Beispiel geht es um Zusammenfügen. Man fügt Teile zusammen. Auf der Ebene unseres inneren Seins symbolisiert das Nähen ein Bedürfnis nach Vereinigung unserer verschiedenen Persönlichkeiten.

Weitere Beispiele:

Ist mein Auto defekt oder hat es eine Panne, habe ich in meinem Leben Probleme mit dem Vorwärtskommen.

Träumen wir von einer Autobahn, geht es um schnelles Vorwärtskommen, also ein Symbol für Leichtigkeit.

Wasser versinnbildlicht unsere Emotionen.

Gefrorenes Wasser = Schnee deutet auf das Gefühl der Einsamkeit hin.

Das <u>Schlafzimmer</u> symbolisiert <u>den intimen Bereich</u> eines Menschen.
Die <u>Zähne</u> symbolisieren die <u>Grundbedürfnisse.</u>
Die <u>Hände</u> symbolisieren das <u>Geben und Nehmen</u>.
Zu diesen Themen gibt es umfangreiche Literatur z. B. „Was bedeuten meine Träume" von Günther Pössinger.

Wenn wir die Sprache der Träume lernen, die Sprache der Symbole und Metaphern, eröffnet sich uns eine völlig neue Welt. Wir entwickeln eine tiefere Verbindung zu unserem inneren Selbst, erhalten Informationen, die uns leiten können, und gewinnen wichtige Erinnerungen wieder.

Wir entdecken Quellen der Inspiration und Kraft zur Heilung.[4]

Durch unsere Verschmelzung mit dem Ganzen wird für uns alles erreichbar...[12]

„Sei offen für die höchstmögliche Heilung und begrenze Dich nicht mit dem menschlichen Verstand!"

Symbolsprache – Bedeutung

Auto	das Vorwärtskommen, psychologische Situation zu den Problemen des Autos
Autobahn	schnelles Vorwärtskommen, Leichtigkeit
Bad	Reinigung
Bein	rechts – materielle Ebene
	links – innere Welt
Brücke	Übergang von einem Bewusstseinszustand zum anderen
Brust	Nähren, Empfangen und Fürsorge
Dusche	Symbol der Reinigung
Finger	stehen für Sorgen in der Gegenwart
	Daumen — Intellekt
	Zeigefinger — Ego und Angst
	Mittelfinger — Wut und Sexualität
	Ringfinger — Vereinigung und Trauer
	Kleiner Finger — Familie und Rollenspiel
Frieren	Mentaler Rückzug nach innen. Verlangen, sich zu entfernen. „Lass mich allein."
Fußboden	Stabilität, insbesondere die psychische Ebene
Großmutter	innerer und emotionaler Schutz
Großvater	Schutz beim Handeln oder im Tagesverlauf in der äußeren Welt
Hände	Geben und Empfangen
Handtasche	versinnbildlicht die Mittel, über die wir verfügen
Holz	stammt von den Bäumen ab, die die Verbindung zwischen Himmel und Erde symbolisieren
Kaugummi	das Rückwärtsschauen, die Gedanken drehen sich um das gleiche Thema [12]
Maus	Symbol der Unsicherheit
Mutter	symbolisiert das, was während der Nacht geschieht, was sich in unserem Inneren abspielt

Nähen	Bedürfnis nach Vereinigung unserer verschiedenen Persönlichkeiten.
Oberschenkel	unbewusster Teil der Fortbewegung
Ohr	Symbol der Weisheit
Rauch	versinnbildlicht die Luft und die Gedanken
Schlafzimmer	symbolisiert den intimen Bereich des Menschen
Schiff	symbolisiert die emotionale Stabilität
Schlange	Symbol der Lebenskraft und der Sexualenergie
Schnee	deutet auf das Gefühl der Einsamkeit
Schuhe	symbolisieren den sozialen Aspekt
Teppich	im negativen Sinne nicht geregelte emotionale Probleme
Toilette	dient der Reinigung
Umfang	körperlich, dient als Schutz, hält die Emotionen zurück
Vater	versinnbildlicht das, was während des Tages geschieht, die Handlungsebene
Zähne	Struktur und Weisheit, auf denen unserer Instinkt und Grundbedürfnisse aufbauen
Entfernung der Zähne kündigt evtl. eine Umstrukturierung an	
Waschbär	Vorsicht! Kleine instinkthafte Energie, die sich bei Dir bedient
Waschbecken	bereinigt die Art, wie Du gibst und empfängst
Wasser	Emotionen
Wind	in unserem Kopf dreht sich alles schnell

„Dankbarkeit ist der Wächter der Seele gegen die Mächte der Zerstörung."
Werden Sie Türsteher Ihrer Seele, entscheiden Sie, wen Sie in Ihr Innerstes hineinlassen, für welche Gedanken und Inhalte Sie sich öffnen und für welche nicht.

So war das

Als junge Frau und Mutter bekam ich plötzlich Beschwerden in den Knien und Händen. Schmerzen, vor allem am Morgen. Ich musste abends schon den Frühstückstisch vorbereiten, weil ich am Morgen keine Gefäße aufmachen konnte. Eine Odyssee von Arzt zu Arzt begann. Die Diagnose: Rheuma! Und das mit Anfang 20. Es ist nicht zu heilen, nur zu lindern. Erstmal …
In den 80er-Jahren gab es wenig Lektüre zu alternativen Heilmethoden. Ich hatte gelesen „Sorge Dich nicht, lebe!" von Dale Carnegie. Ich brach zusammen und ging dann in mich. Daraufhin habe ich mein komplettes Leben, soweit es möglich war, umgekrempelt. Ich habe mehr auf meinen Körper gehört.
Mit dem Wissen von heute weiß ich, worum es ging …
Herr Dahlke schreibt zu Rheuma in den Fingergelenken: Konflikt, das Leben in den Griff zu bekommen.
Frau Bourbeau schreibt in ihrem Buch „Dein Körper sagt: ‚Liebe Dich!'": Menschen mit Rheumaerkrankungen geben oft den Anschein der Folgsamkeit, doch glüht ein innerer Zorn in ihnen, den sie sich selbst übel nehmen. So wie das Rheuma lähmen auch die eigenen Gefühle. Es liegt in ihrem eigenen Interesse, solch lähmende Emotionen nicht weiter anzuhäufen.[5])
Wie oben schon erwähnt habe ich in mich gehört und mein Leben dadurch verändert. Ca. 2 Jahre später traf ich eine ehemalige Kollegin, die mich mit mitleidigem Blick fragte, wie es mir denn geht.
Ja, mir ging es gut. Das Rheuma hatte ich komplett vergessen.

90 % Deiner Körperfunktionen finden ohne Dein bewusstes Zutun statt. Wer sorgt dafür, dass Dein Herz weiter schlägt? Wer wandelt Deine Nahrung um? Wer sagt Dir, wann Du Deine Flüssigkeitsspeicher wieder auffüllen musst, indem Du Wasser trinkst? Wer heilt Deine Haut, wenn Du Dich schneidest?
Sieh Deinen Körper als das Wunder, das er ist!

„Es gibt zwei Arten, sein Leben zu leben:
Entweder so, als wäre nichts ein Wunder,
oder so, als wäre alles eines.
Ich glaube an Letzteres."

(Albert Einstein)

Tierboten

Auch durch Tiere bekommen wir Hinweise aus der geistigen Welt, dem Universum oder wie immer wir es nennen wollen …
Wenn sich Dir gegenüber ein Tier besonders verhält, lohnt es sich, dieser ungewöhnlichen Begegnung nachzugehen.

Ich bin beim Spaziergang immer wieder auf Regenwürmer gestoßen … ungewöhnlich viele, an ungewöhnlichen Stellen. Ich schlug nach:

Der Regenwurm besitzt die Fähigkeit, sich zu erneuern, auch wenn Teile seines Körpers abgetrennt wurden. Der Regenwurm bringt Selbstheilung und Regeneration.

Tatsächlich könnte ich das momentan gut gebrauchen. Danke an die Tierboten!

Das Buch von Angela Kämper „Tierboten" ist mir ein guter Berater. Bei einer besonderen Begegnung mit Ameisen sollst Du Deine verschiedenen Anteile, die ganz unterschiedlichen Aspekte Deiner Persönlichkeit mehr zusammenbringen. [6])

Während ich die Liste mit den Tierboten erstelle, stoße ich im Buch auf den Feldhamster. Dazu musst Du wissen, in meinem Garten buddelt seit einem dreiviertel Jahr (2021/2022, also Coronazeit) ein Tier Löcher. Ich habe versucht, rauszufinden, welches Tier das ist. Es lässt sich nicht vertreiben, nicht ansehen und nicht mit der Wildkamera filmen. Es ist keine Ratte, Maus oder Maulwurf. Nun lese ich, der Feldhamster spiegelt mir: Du bist ein Sammler.

Tatsächlich habe ich mich während der Coronazeit zu einem vorrathortenden Menschen entwickelt. Das würde passen.

Wahrscheinlich, wo ich dieses Problem erkannt habe, werde ich den vermeintlichen Feldhamster bestimmt demnächst zu Gesicht bekommen. Falls das vor der Fertigstellung dieses Buches so ist … berichte ich Dir davon.

Hier einige Tiere mit ihren wahrscheinlichen Botschaften für uns.

Auch diese Aufstellung hat keinen Anspruch auf Vollständigkeit und soll der Anregung zu diesem Thema dienen.

Biene	sei fleißig, stecke Deinen Elan und Ehrgeiz in Deine begonnen Projekte
Federn	Energieantennen
Eichhörnchen	Streit liegt in der Luft
Fische	Tiefes Unterbewusstsein
Fliege	Aufmunterung und Ansporn! Tu das für Dich Anstehende jetzt und sofort
Frosch	Dir stehen unerwartete neue Wahrnehmungen und Erlebnisse bevor
Graureiher	Geduld
Igel	verborgene Intelligenz
Insekten	Gegenwart, nutze diesen Augenblick
Kuckuck	Beharrlichkeit
Libelle	Rundumsicht und Beweglichkeit und schnelle klare Entscheidungen sind jetzt gefragt
Marienkäfer	ist ein Glücksbringer
Meise	Unverdrossenheit
Mücke	Teilen und Hergeben! Wir sollen von dem abgeben, worüber wir selbst in ausreichendem Maße verfügen
Reh	Abstand wahren
Schmetterling	psychische Transformation, er zeigt Dir an, dass sich nun für Dich, in Dir, etwas grundlegend zum Guten wandeln wird
Schnecke	Vorankommen durch Bedächtigkeit
Schwan	Lichtvolle Klarheit
Schlange	Schutz
Siebenschläfer	ausruhen und auftanken
Stockente	soziale Vielfalt! Die Ente fordert Dich auf, Dich wieder auf die Vielfalt Deiner sozialen Möglichkeiten zu besinnen

Storch	Zuwachs
Spinne	spirituelle Verbindung
Taube	neue Liebe
Vögel	Mittler zur geistigen Welt
Wespe	Hektik und Stress! Dein Leben verläuft gerade zu hektisch
Wildschwein	Verbinde Dich mit Deiner Kraft, jedoch ohne zu kämpfen
Wolf	familiärer Begleiter

„Das Glück des Lebens besteht nicht darin, wenige oder keine Schwierigkeiten zu haben, sondern darin, alle siegreich und glorreich zu überwinden!"

Schüßler-Salze

Die Biomineralien wirken auf zwei Ebenen. Zum einen unterstützen Sie den Körper dabei, sein Energiereservoir neu aufzufüllen, zum anderen schaffen sie Balance im psychischen Bereich. Die Salze werden in verschiedenen Potenzen angeboten. Dr. Schüßler empfahl in der Regel eine D6-Potenz. Nur bei den Salzen Nr. 1 Calcium fluoratum, Nr. 3 Ferrum phosphoricum und Nr. 11 Silicea kann der Körper eine D12-Verdünnug besser verwerten.[7]

Die Salze gelangen über die Mundschleimhaut und das Blut direkt in die Körperbereiche, in denen der Bedarf besteht. Da der Darm umgangen wird, ist selbst bei einer gestörten Darmflora eine optimale Aufnahme gewährleistet. Außerdem ist zusätzliche Energie für die Aufspaltung der Moleküle nicht erforderlich. Liegt ein Überangebot eines Minerals vor, werden zunächst andere Baustellen versorgt. Ist dann immer noch etwas übrig, entstehen Depots in besser durchbluteten Bereichen, die bei Bedarf jederzeit angezapft werden können.[7]

Nicht der Mineralstoffmangel ist entscheidend für die gesundheitlichen Probleme, sondern die Störungen im Mineralstoffwechsel, was zu einer Fehlverteilung der Mineralien führt.

Als Faustregel gilt: Je länger Deine Beschwerden schon bestehen, umso schwieriger gestaltet sich die Selbstheilung. Diese Faustregel bezieht sich nicht allein auf die Behandlung mit Schüßler-Salzen, sondern auf Selbstbehandlung als solche. Je nach Art der Gesundheitsstörung sind ein oder zwei bestimmte Mineralsalze nötig, um den Mineralstoffhaushalt wieder zu regenerieren.

Bei akuten Erkrankungen stellt sich der Erfolg meist in wenigen Stunden oder Tagen ein. Bei chronischen Erkrankungen kann die Behandlung Wochen oder Monate in Anspruch nehmen – je nach Art der Störung.

Ein Beispiel:
Ferrum phosphoricum D12 Schüßler Nr. 3 nimmt man bei Entzündungen und pochenden Schmerzen. Weitere Einsatzbereiche sind Steigerung der körperlichen Leistungsfähigkeit, infektiöse Kinderkrankheiten im Anfangsstadium, Fieber bis 38,5 Grad Celsius, Sonnenunverträglichkeit, Sonnenbrand, Verbrennungen (in Verbindung mit Nr. 8), Verstauchungen, allgemeine Schwächezustände, Schlaflosigkeit durch Übermüdung, chronische Müdigkeit, Muskelkater, Inkontinenz, hellrote Menstruationsblutung, Anämie und Schwangerschaft.

Dieses Schüßler-Salz ist das „Erste-Hilfe-Mittel" unter den Salzen. Es wird bei Fieber, Wunden, Blutungen aller Art sowie Entzündungen im akuten Stadium eingesetzt.
Im akuten Fall wird alle fünf Minuten eine Pastille genommen. Solltest Du keine Beschwerden haben, sich jedoch Schatten an den Augenwinkeln zeigen, nimmst Du zehn bis zwölf Pastillen täglich.
Im Frühjahr mache ich die Schüßler-Kur: Haut-Trio, ich nehme 4 Wochen lang

Schüßler Nr. 1	morgens 3 Tabletten
Schüßler Nr. 8	mittags 3 Tabletten
Schüßler Nr. 11	abends 3 Tabletten

Die Kur macht die Haut weniger anfällig für hohe UV-Belastung, chlorhaltiges Wasser und Belastung durch salzhaltige Meeresluft.

Noch ein Tipp
- Alle Sulfate wirken entgiftend; sie wirken besonders auf Leber, Galle, Lymphe und Darm.
- Alle Phosphate stabilisieren das Nervensystem; sie wirken besonders auf Nerven, Immunsystem und Nieren.
- Chloride wirken auf die Schleimhäute und auf den Säuern-Basen-Haushalt.

- Calciumfluorid ist das Schüßler-Salz mit der langsamsten Wirkung.
- Eisenphosphat und Magnesiumphosphat sind die am schnellsten wirkenden Schüßler-Salze.[8])

Die angegebenen Informationen sind gründlich recherchiert und nach bestem Wissen und Gewissen dargestellt, sollten aber ärztlichen Rat und Hilfe nicht ersetzen.

„Die Intuition ist eine geheiligte Gabe und der rationale Verstand ein treuer Knecht.
Wir haben eine Gesellschaft hervorgebracht, die den Knecht ehrt und die Gabe vergessen hat."

(Albert Einstein)

Achte auf Deine Gedanken,
 denn sie werden Deine Worte.
Achte auf Deine Worte,
 denn sie werden Deine Handlungen.
Achte auf Deine Handlungen,
 denn sie werden Deine Gewohnheiten.
Achte auf Deine Gewohnheiten,
 denn sie werden Dein Charakter.
Achte auf Deinen Charakter,
 denn er wird Dein Schicksal.
Meine größte Stärke ist zu wissen,
was meine größte Schwäche ist!

Affirmationen

Ab heute wendest Du Dein Leben zu einem „Besseren".

Alles, was wir sagen und denken, ist eine Affirmation. Leider denken wir zu oft negativ.

Durch Affirmationen denkst Du positive Gedanken, die zu positiven Ergebnissen in Deinem Leben führen.

Affirmationen müssen klar und positiv sein. Also nicht: „Ich will nicht mehr krank sein." Sondern: „Ich bin gesund!" Das heißt, keine negativen Worte wie z.B. nie, nicht, kein ...

Die Affirmationen sind kurz, positiv, präzise und werden in der Gegenwart formuliert. Dadurch, dass man sich die Affirmationen öfter aufsagt, gelangen sie an unserem Verstand (der uns gerne mit negativen Gedanken vollquatscht) vorbei direkt in unser Unterbewusstsein, wo sich die positiven Gedanken manifestieren.

Louise L. Hay hat eigens zu diesem Thema geschrieben. Sehr schön ist das Buch von ihr: „Du kannst es!"

Hier wird das Thema Affirmationen gut beschrieben und es werden viele Beispiele aufgeführt.

Meine Affirmationen schreibe ich auf postkartengroße Kärtchen und stelle sie an einem Ort auf, wo ich viel sitze oder häufig dran vorbei laufe.

„Denn Krankheit ist nichts anderes als der Verlust der inneren Harmonie und des Vertrauens in uns selbst."[9] Frau L. Hay hat in ihrem Buch „Gesundheit für Körper und Seele" ein Verzeichnis verschiedener Krankheiten mit dem wahrscheinlichen Grund und zu jeder Krankheit ein neues Gedankenmuster, sprich eine Affirmation, aufgestellt".

Abszess	wahrscheinlicher Grund: Gärende Gedanken an Verletzungen, Kränkungen und Rache.

Die Affirmation dazu ist

„Ich erlaube meinen Gedanken, frei zu sein. Die Vergangenheit ist vorbei. Ich bin im Frieden."

Arthritis	wahrscheinlicher Grund: Fühlt sich ungeliebt. Kritiksucht, Groll.

Die Affirmation dazu ist

„Ich bin in Liebe. Ich beschließe, mich zu lieben und zu akzeptieren. Ich sehe andere mit Augen der Liebe."

Bandscheiben-vorfall	wahrscheinlicher Grund: Fühlt sich vom Leben im Stich gelassen. Unentschlossen.

Die Affirmation dazu ist

„Das Leben unterstützt alle meine Gedanken. Deshalb liebe und akzeptiere ich mich, und alles ist gut."

Fußprobleme	wahrscheinlicher Grund: Angst vor der Zukunft und vor dem Voranschreiten im Leben.

Die Affirmation dazu ist

„Ich bewege mich mit Freude und Leichtigkeit vorwärts."

Husten	wahrscheinlicher Grund: Verlangen, die Welt anzubellen. „Seht mich an! Hört mir zu!"

Die Affirmation dazu ist

*„Ich werde auf positivste Weise bemerkt und geschätzt.
Ich werde geliebt."*

Nackenprobleme:	wahrscheinlicher Grund: Weigerung, die andere Seite einer Angelegenheit zu betrachten, Hartnäckigkeit.

Die Affirmation dazu ist

*„Mit Flexibilität und Leichtigkeit
betrachte ich alle Seiten einer Sache.
Es gibt unendlich viele verschiedene
Möglichkeiten, etwas zu tun und zu sehen.
Ich bin in Sicherheit!"*

Schwindel	wahrscheinlicher Grund: Flüchtige, zerstreute Gedanken. Weigerung, der Realität ins Auge zu blicken.

Die Affirmation dazu ist

„Ich bin ganz in meiner Mitte und lebe in Frieden. Es ist gut, dass ich am Leben und voll Freude bin."

Venen- entzündung	wahrscheinlicher Grund: Wut und Frustration. Beschuldigt andere wegen Enge und mangelnder Freude im eigenen Leben.

Die Affirmation dazu ist

„Freude strömt frei durch mich, und ich bin mit dem Leben in Frieden."

„Nichts ist schwerer zu stoppen als ein Mensch, der an Wunder glauben möchte!"

(Leslie Ford)

Wenn ich krank bin

- Gehe ich zum Arzt, um die Diagnose zu hören
- Lese ich mich bei Herrn Dahlke, Frau Bourboe und Frau Hay schlau
- Recherchiere ich, welche Schüßler-Salze mich in dieser Situation positiv unterstützen
- Schreibe ich mir die vorgeschlagene Affirmation (von Frau Hay) auf eine Karte und stelle sie gut sichtbar auf
- Ich kümmere mich gut um mich
- Sollte keine Besserung eintreten, gehe ich zu einer Heilpraktikerin/er oder Homöopathin/en

Wenn nötig, gönne ich mir den Besuch bei meiner Kinesiologin. Dort wird BodyTalk gemacht.

„Der Körper besitzt eine innere Weisheit, die uns mitteilen kann, was im Organismus nicht in Ordnung ist und wie und in welcher Reihenfolge wir die Gesundheit wiederherstellen können."[10])

Beim BodyTalk wird Dein Körper gesund erhalten, durch die Wiederherstellung der Kommunikation zwischen den verschiedenen Teilen und Systemen Deines Körpers.

Diese sehr schöne Beschreibung über Bewusstsein und Unterbewusstsein von Anita Johnston aus ihrem Buch: „Die Frau, die im Mondlicht aß" möchte ich Dir nicht vorenthalten:

„Das Unterbewusstsein ist wie ein riesiger Ozean aus Lebenserfahrung, Erinnerungen an die nahe und ferne Vergangenheit und Chancen für die Zukunft. Das Bewusstsein ist nichts weiter als eine winzige Insel inmitten dieses großen Meeres. Damit unser begrenztes Bewusstsein das ungeheure Wissen begreifen kann, das dem Unterbewusstsein zur Verfügung steht, muss dieses Wissen zu Symbolen und Metaphern kondensiert werden, die unzählige Bedeutungsgeschichten enthalten".[4])

Akut lebensbedrohliche Krankheitsbilder sind sofort allopathisch zu behandeln – meist mit Medikamenten, die durch Unterdrückung die Gefahr bannen und das auch verlässlich schaffen.

Ist die akute Gefahr gebannt, wäre wieder an Heilung und damit an den Weg der alternativen Heilung zu denken. [11])

„Unser Körper besitzt eine Weisheit, die uns, die wir darin wohnen, fehlt."

(Henry Miller)

Schön, dass Du bis hierher gelesen hast.

Ich habe mich so kurz wie möglich gefasst, weil Du wenig Zeit hast.

Ich kenne das ... Du hast viel zu tun, Du willst und machst alles gut. Du bist für alle da ...

Kinder, Familie, Arbeit, Mann, Eltern, Freunde ...

ABER?

Wo bleibst Du???

Hermann Hesse hat dazu schön geschrieben:

> *„Manche Leute glauben,
> Durchhalten macht stark.
> Doch manchmal stärkt uns
> gerade das Loslassen."*

Du denkst jetzt: Die hat gut reden mit ihren schlauen Sprüchen ...

Es geht im Leben weniger darum, was Du erlebst, als vielmehr darum, wie Du damit umgehst.

Du könntest Dir ein Hobby suchen wie Sport, Handarbeit oder Dich einer Gruppe anschließen z. B. ehrenamtliche Arbeit...

Wenn das Dein Herzenswunsch ist ...?

Wieder Termine?

Verbringe mal Zeit mit Dir!!

Aus den Niederlanden kommt der Begriff „Niksen". Er bedeutet Nichtstun.

Nichtstun hat nichts mit Faulenzen zu tun. Es geht darum, sich bewusst kleine Auszeiten im anstrengenden Alltag zu gönnen. Das ist die einfachste Form der Selbstfürsorge, also sich selbst etwas Gutes zu tun.

Wenn Du jetzt denkst: Prima, die schreibt über Menschen, die viele Aufgaben, Stress und Hektik haben.

Und ich?

Wenn das Arbeitsleben zu Ende ist oder pausiert und die Kinder aus dem Haus sind, stehst Du möglicherweise vor einem Leben ohne Aufgaben. Gerade dann ist das Niksen wichtig und hilfreich.

Du hast Dich jahrelang gekümmert, gearbeitet und gehetzt, nun solltest Du Dir Deine Aufmerksamkeit schenken.

„Freiheit entsteht,
wenn wir loslassen!"

„Halte Dir jeden Tag dreißig Minuten für Deine Sorgen frei, und in dieser Zeit mache ein Nickerchen."

(Abraham Lincoln)

Nachricht an meine interessierten Leser:

In dem Kapitel „Tierboten" habe ich Dir von meinem buddelnden Tier im Garten berichtet.

Am 14. Juli habe ich nicht den vermeintlichen Feldhamster getroffen, sondern ein Kind meiner Feldhamsterin.

„Wir sind verantwortlich für das, was wir tun,
aber auch für das, was wir nicht tun!"

(Voltaire)

Literatur

Dale Carnegie, „Sorge Dich nicht, lebe", Scherz Verlag 1980
Luise L. Hay, „Du kannst es!", Heyne 2010, 5. Auflage
„Gesundheit für Körper u. Seele", Allegria Ullstein 2004,
  1. Auflage = 9
Rüdiger Dahlke, „Krankheit als Symbol", C. Bertelsmann
  Verlag 2014, 24. Auflage = 11
„Krankheit als Sprache der Seele", Goldmann Verlag 1997,
  15. Auflage = 3
Angela Kämper, „Tierboten",Goldmann Arkana 2005,
  4. Auflage = 6
Lise Bourbeau, „Dein Körper weiß alles über Dich",
  Windpferd Verlag 2009, 3. Auflage
„Dein Körper sagt: Liebe Dich!", Windpferd Verlag 2009,
  11. Auflage = 5
Käthe Bachler, „Erfahrungen eine Rutengängerin",
  Veritas Verlag 1986, 10. Auflage = 1
John Veltheim, „Das BodyTalk System",
  Lüchow Verlag 2000 = 10
Günther Pössinger, „Was bedeuten meine Träume",
  Delphin Verlag 1985
Dr.med.Christian Northtup, „Frauenkörper Frauenweisheiten", Goldmann Arkana 2010, 1. Auflage = 2
Vistara H. Heiduk, „Schüßler-Salze für die Psyche und Seele",
  MensSana Verlag 2006 = 7
Sabine Wacker, „In Balance mit Schüßler-Salzen",
  Goldmann Verlag 2017, 1. Auflage = 8
Anita Johnston, „Die Frau, die im Mondlicht aß",
  Knaur Verlag 2002 = 4
Kaya, Christian Müller, „Das Buch der Engel",
  Verlag Universe/City Mikael 2007, 1. Auflage = 12

Danksagung

Ich bin dem Universum dankbar dafür, dass es mich durch die Höhen und Tiefen meines bisherigen Lebens geführt hat und auch weiterhin führen wird.

Ich danke meinen Ahnen dafür, dass sie mir mitgegeben und vorgelebt haben, dass es noch viele Dinge zwischen Himmel und Erde gibt.

„Dankbarkeit ist das Aufatmen der Seele!"

Die Autorin

Ulrike Grasdorf wurde 1961 geboren und lebt heute in Niedersachsen. Sie ist beruflich im Bereich der Altenpflege tätig.

In diesem Berufsfeld sowie in ihrem eigenen, privaten Leben sah sich die Autorin immer wieder mit Höhen und Tiefen konfrontiert, die sie mithilfe erprobter Methoden zur Lebenshilfe und alternativen Heilung gemeistert hat. Im Rückblick auf diese Bewältigungsmittel entstand die Idee, dieses Buch zu schreiben. Darin trägt Ulrike Grasdorf die Quintessenz vieler Bücher zusammen, die sie zu den Bereichen gelesen hat, und stellt sie in Relation zu eigenen Erfahrungen.

Die Autorin ist verheiratet, Mutter dreier Kinder und stolze Großmutter von ebenfalls drei Enkelkindern.

DER VERLAG

VINDOBONA
VERLAG SEIT 1946

ein Verlag mit Geschichte

Bereits seit 1946 steht der Vindobona Verlag im Dienst seiner Bücher und Autoren. Ursprünglich im Bereich periodisch erscheinender Journale tätig, präsentiert sich der Verlag heute als kompetenter Partner für Neuautoren am deutschen, österreichischen und schweizerischen Buchmarkt. Engagement, Verlässlichkeit und Sachverstand – das sind die Grundpfeiler, auf denen der Verlag seit jeher sicher steht.

Sie möchten mit Ihrem Werk das vielseitige Verlagsprogramm bereichern? Der Vindobona Verlag garantiert Ihnen eine professionelle Prüfung Ihres Manuskriptes durch das Lektorat sowie eine zeitnahe Rückmeldung.

Genauere Informationen zum Verlag
finden Sie im Internet unter:

www.vindobonaverlag.com